MUSÉE D'ARTILLERIE.

GALERIE ÉTHNOGRAPHIQUE.

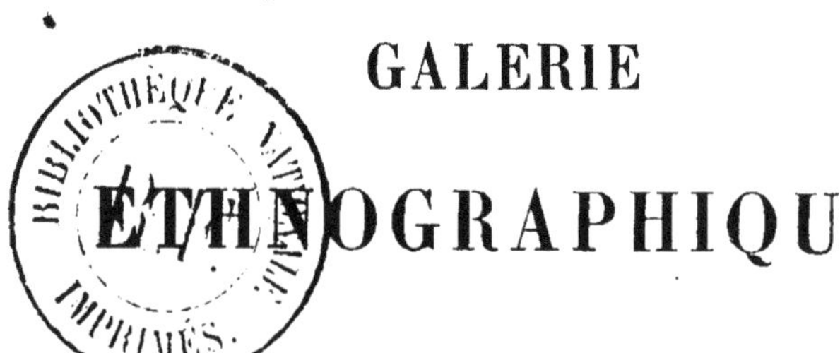

Prix : 50 centimes.

PARIS.

IMPRIMERIE NATIONALE.

M DCCC LXXVII.

MUSÉE D'ARTILLERIE.

GALERIE ETHNOGRAPHIQUE.

La science archéologique a fait, sur l'étude des âges préhistoriques, de remarquables travaux. On sait aujourd'hui quelles ont été les armes de l'homme primitif, haches en pierre, massues en bois, lances et flèches avec dards en pierre ou en os; les stations lacustres ont fait connaître jusqu'aux étoffes qui constituaient ses vêtements. Il serait cependant difficile de suivre assez exactement le guerrier troglodyte, pour le reconstituer aux différentes périodes qu'il a traversées. Un but au moins similaire semble pouvoir être atteint. Remarquons que les peuples disséminés actuellement sur le globe sont placés à des degrés d'avancement bien différents. Les uns en sont encore à l'âge de la pierre; d'autres ont des

1.

armes en os, en corne ou en bois. On trouve des stations lacustres dans la Nouvelle-Guinée; ici le fer employé pour les armes d'hast et de jet est chaque jour importé par suite d'échanges; là il est le produit de l'industrie du pays. En Chine les armes à feu sont en usage depuis fort longtemps, et semblent y avoir suivi, dans leurs perfectionnements successifs, la même marche que chez nous; en d'autres pays elles ont été introduites par l'importation européenne.

Ces observations nous portent à croire qu'en étudiant les différents peuples du globe à l'époque où nous vivons et en les comparant, nous trouverons comme une échelle des divers degrés par lesquels a dû passer un peuple aujourd'hui civilisé, pour arriver aux derniers résultats obtenus dans la fabrication des armes. Nous aurons comme une synthèse des efforts tentés par l'homme de guerre (le seul que nous ayons à examiner) pour perfectionner ses armes offensives et défensives. Ce n'est toutefois pas l'heure d'aujourd'hui que nous choisirons pour ce travail; plusieurs contrées ont depuis quelque temps complétement changé d'aspect par suite de l'invasion européenne, et perdu tout caractère d'originalité. Nous nous placerons à une soixantaine d'années en arrière, à l'époque où nos célèbres navigateurs ont fait de si intéressantes découvertes.

A ces considérations on peut en ajouter d'autres. Un musée est fait pour instruire rapidement ceux qui le visitent, et quel meilleur classement saurait-on adopter pour l'exposition d'une collection ethnographique, que de placer les armes et les objets dont elle se compose sur les personnages mêmes qui en font usage? Le visiteur qui se trouvera par exemple en face d'un type australien, assurément, à cause de sa singularité, ne l'oubliera plus, et, par enchaînement d'idées, se gravera dans la mémoire la forme de ses armes, sa manière de combattre, et même ses habitudes par l'étude des différents objets qu'il porte sur lui. Ce sera là comme une carte de géographie, un état du monde guerrier.

Notre collection comprend 72 personnages représentant les principaux types de l'Océanie, de l'Amérique et des côtes de l'Asie et de l'Afrique.

Grâce à la bienveillance que nous ont témoignée MM. les Professeurs du Muséum, bon nombre de nos figures ont été reproduites des types pris sur nature, dont on voit une si belle collection dans la galerie d'anthropologie du Jardin des plantes. Quelques amis de la science ethnographique ont bien voulu aussi nous encourager par des dons précieux, et nous leur adressons ici de sincères remercîments; nous espérons que d'autres personnes encore voudront bien suivre cet exemple, et offrir aux visiteurs de notre Musée des souvenirs de leurs voyages.

Nota. — Les armes qui ne sont pas placées sur les personnages ont été exposées sur des tableaux contre les murs.

On a cherché à réunir au même endroit les selles et le harnachement des chevaux de guerre.

Les 72 personnages que nous présentons, faits en plâtre peint, ont été exécutés dans l'atelier du Musée. Ils ont été mis en couleur par les soins de M. Nicolle, d'après les tons pris sur les types de la galerie anthropologique du Muséum.

AFRIQUE.

L'Afrique est occupée par des peuples appartenant à des races bien différentes.

Au nord et dans les montagnes qui traversent le Sahara, nous trouvons les Berbères de race khamitique. Sur la côte nord encore, et comme une couche superposée, dominent les Arabes, peuple conquérant; à l'est sont les Abyssins, appartenant comme les Arabes à la race sémitique. La plus grande partie du sud est occupée par la race cafre, et vers le Cap habitent deux groupes doués de caractères anthropologiques bien distincts, et réduits aujourd'hui à une minime importance, les Bochimans et les Hottentots. Au centre de la péninsule, en suivant une bande de l'est à l'ouest, de la Nubie jusqu'au Sénégal, on trouve une race très-vigoureuse, les Peuls. Le reste de l'Afrique est occupé par les véritables nègres, parlant des idiomes différents, mais qui semblent se rattacher les uns aux autres.

BERBÈRES.

Les Berbères présentent la race aborigène; ce sont les anciens Numides. Cette race occupe les contrées montagneuses, où elle s'est sans doute réfugiée pour résister à l'invasion des Arabes. Elle se divise en quatre groupes: les

Amazirghs au Maroc, les Kabyles dans les montagnes de Tunis et d'Algérie, les Tibbous dans le désert qui sépare le Fezzan de l'Égypte, les Touaregs dans le Sahara. Ces peuples ont le teint brun foncé, la taille haute, le corps grêle et maigre. Ils sont gouvernés par des cheiks. Nous présentons quatre types berbères.

N° 1.

Kabyle [1].

Le Kabyle est généralement vêtu d'une simple chemise longue, d'étoffe de laine grossière, maintenue par une ceinture autour du corps; les jambes sont garanties par des molletières et des chaussettes en laine; autour de celles-ci s'attachent les cordons de sortes d'espadrilles en peau. La tête est couverte d'une petite calotte blanche en coton, d'une autre en feutre, enfin de la chéchia. Ce personnage porte pour armes un fusil de forme arabe et un sabre à lame droite et pointue, nommé *flissa*. Il appuie la main gauche sur une peau de chevreau dans laquelle il renferme ses provisions.

N° 2.

Mezab.

La tribu des Beni-Mezab est située au sud de l'Algérie, qu'elle sépare des Touaregs. Ces hommes s'occupent plutôt du trafic avec les populations de l'intérieur, que de l'art de la guerre. Leur armement ne diffère pas de celui des Arabes; leur costume se compose d'un simple sac rectangulaire, fendu pour le passage de la tête et des bras, et fait avec une étoffe

(1) Les costumes n°s 1, 5 et 6 ont été envoyés au Musée par M. le général Chanzy, gouverneur général de l'Algérie.

dont l'ornementation ne manque pas d'originalité. Une poudrière en cuivre d'un dessin intéressant est portée comme le sabre en bandoulière, et munie de deux petites poches en cuir, l'une pour les pierres à fusil et l'autre pour les balles.

N° 3.

Marocain.

Nous reproduisons ici un Marocain des montagnes du sud. Il est vêtu du burnous et d'une chemise en étoffe de laine épaisse ; autour de la taille s'enroule la ceinture, sur laquelle s'applique une cartouchière, suspendue par une bretelle qui fait le tour du cou. Un beau sac en cuir très-orné et une poire à poudre complètent son équipement. Il est armé d'un pistolet tromblon maintenu au bout d'une lanière, d'un poignard et d'un fusil dont on remarquera la forme caractéristique. Le sabre marocain est semblable à celui des Arabes; les bottes sont recouvertes par des sandales et portent des éperons terminés par une tige pointue.

N° 4.

Touareg.

Les Touaregs occupent la région montagneuse qui s'étend sur le Sahara; c'est de là qu'ils exercent une véritable piraterie sur les contrées voisines, rançonnant aussi les caravanes dont ils occupent le parcours. Ils ont souvent opposé un dangereux obstacle au passage de nos explorateurs. Leur vêtement consiste en une large chemise en toile de laine, audessus de laquelle flotte une blouse de cotonnade bleue du Soudan, et une culotte de la même étoffe allant jusqu'à la cheville. La tête est couverte d'une haute chéchia rouge avec un gland de soie bleue, et entourée d'un turban plat de couleur blanche. Ce turban maintient un voile noir qui, enveloppant la tête et descendant sur le visage, ne laisse paraître que les yeux. Les Touaregs ne quittent jamais ce voile, au point que des voyageurs qui ont longtemps habité chez eux n'ont jamais vu leur figure à découvert. Une longue écharpe blanche, partant du cou, se croise sur la poitrine et s'arrête à la taille, après en avoir fait deux fois le tour. Les chefs ont un burnous et des bottes rouges. Pendant leur jeunesse, on leur met aux bras des anneaux en pierre qu'ils continuent à porter toute leur vie. Ils ont pour armement une épée droite, large jusqu'à la pointe et dont la garde, en croix avec la poignée, rappelle l'épée carlovingienne; un poignard attaché au bras par un anneau en cuir; enfin, une lance entièrement en fer de $2^{m},60$ de haut avec dard barbelé, et une arme de jet de forme singulière en fer plat, qu'ils lancent avec un mouvement de rotation contre leur ennemi, ou pour couper les jambes des chevaux.

Quelques Touaregs sont armés d'arcs et de flèches; un grand bouclier, fait en peau d'antilope, leur sert d'arme défensive contre les coups de flèches, et nous en présentons un très-intéressant spécimen[1].

ARABES.

Les Arabes ont pris leur développement dans les contrées montagneuses de l'Arabie, et, en suivant les côtes de la mer, se sont répandus dans les territoires qui s'étendent de la Perse au Maroc et au Zanzibar. Les Arabes nomades n'ont jamais été conquis et ne se sont pas mélangés aux races qu'ils ont dominées. Ils sont divisés en tribus, obéissant à une ou plusieurs familles qui forment une sorte d'aristocratie

(1) L'armement du n° 4 a été donné au Musée par M. le maréchal Randon.

despotique. Les chefs se nomment cheiks; le plus puissant d'entre eux s'appelle émir. Les tribus, après avoir pris possession d'un territoire, y installent leurs troupeaux et y campent sous des tentes tissues de poil de chameau. Les Arabes sont grands, bien conformés, vigoureux, sobres, durs à la fatigue; ils ont le maintien grave et hautain; la cruauté est chez eux entretenue par le fanatisme.

N° 5.

Chef arabe du Sud.

A première vue, on remarque la quantité d'armes et de vêtements dont ce personnage est couvert; c'est son luxe, et en voici l'énumération : une chemise (gandoura); un gilet en drap fermé; une veste en drap; un caftan (vêtement réservé aux chefs); un burnous; un pantalon semblable à un grand sac à coulisse, percé seulement à la partie inférieure pour le passage des jambes; une longue écharpe (haïk) attachée au moyen de cordes de poil de chameau sur la chéchia, qui est surmontée elle-même d'un grand chapeau de paille tapissé de plumes d'autruche; une ceinture en soie et une autre en cuir entourent la taille; une cartouchière, un porte-pistolets et une grande sacoche, nommée *djébira*, complètent l'équipement. L'armement se compose d'un fusil richement ornementé, de pistolets, d'un sabre, d'un poignard et d'un petit couteau.

N° 6.

Fantassin arabe.

Ce personnage peut représenter un des soldats réguliers d'Abd-el-Kader; il porte un sabre de forme particulière, nommé yatagan, et tient à la main un de ces terribles petits couteaux avec lesquels les Arabes coupent la tête des ennemis qu'ils ont tués.

N° 7.

Abyssin [1].

Les Abyssins sont vêtus d'une ample couverture blanche avec bande rouge, d'un caleçon qui dépasse les genoux et d'une ceinture d'étoffe blanche, large de 60 centimètres et d'une grande longueur; au cou s'étale une peau de panthère ou de lion tailladée.

Les cavaliers ont pour armes deux javelots ou une lance, et un sabre courbé en forme de faucille, enfin un grand bouclier rond en peau épaisse.

Les fantassins ont une épée droite, et un fusil avec tout l'attirail nécessaire.

N° 8.

Arabe du Zanzibar.

L'idiome parlé par les populations aborigènes du Zanzibar se rapproche de celui du groupe cafre; cependant ce pays a été conquis par les Arabes, qui y ont imposé leur costume et leurs mœurs. Les chefs portent une longue chemise blanche, en toile de Trébizonde, un caftan de drap, un turban et une ceinture aux couleurs harmonieuses. Ils sont armés d'une lance, d'un poignard recourbé et souvent richement orné [2], enfin d'une épée droite dont la poignée est habilement travaillée.

Ils ont pour arme défensive un petit bouclier en peau de rhinocéros embouti.

[1] Indications de M. Raffray, naturaliste explorateur du Muséum.

[2] Les armes du n° 8 ont été données au Musée par le sultan du Zanzibar et le vêtement par M. Rabaud, négociant à Marseille.

N° 9.

Arabe de la côte d'Aden.

Nous avons cru devoir représenter un Arabe de cette contrée, à cause de la singulière forme de ses armes. Elles se composent d'un poignard dont la lame subit une déviation aux deux tiers de sa longueur, et se trouve engagée dans une gaîne terminée par un long bout en cuivre; d'un sabre légèrement courbe, placé dans un fourreau ornementé; d'une poudrière formée d'un tube reployé sur lui-même; enfin, d'une cartouchière présentant une suite de petites boîtes en bois recouvertes de cuir.

Ces Arabes sont très-agiles et se livrent à des fantasias guerrières qui ressemblent à de véritables combats; ils poussent en même temps des rugissements de bête fauve, s'abordent corps à corps, parant avec une adresse incroyable les coups que l'adversaire leur porte.

RACE PEUL.

N° 10.

Nubien.

Les naturels de la Nubie ont un costume fort simple, qui se compose d'un caleçon court et d'une large et longue pièce d'étoffe épaisse dans laquelle ils s'enveloppent tout le corps.

Leur coiffure assez singulière est formée d'une houpe au-dessus de la tête, tandis que sur le pourtour les cheveux pendent en petites tresses.

Ils portent pour armes une lance aiguë, une longue épée

dont la garde droite est en croix avec la poignée, comme celle de nos épées du moyen âge, et pour arme défensive un bouclier de peau d'éléphant, ayant au centre un umbo pour la place de la main.

Nos 11, 12.

Sénégalais.

Le Sénégal est peuplé de tribus guerrières qui rentrent à peu près dans les deux types que nous présentons.

Le premier est un chef Yolof portant pour coiffure un serre-tête d'indienne, et au-dessus un chapeau de jonc tressé surmonté d'une sorte de gerbe [1]. Il a pour vêtements une large dalmatique à manches courtes, nommée boubou, d'un bleu indigo, couleur en faveur dans ces contrées, une culotte à la façon des Arabes, appelée yata.

Ce personnage est armé et équipé d'un fusil à pierre de fabrication européenne, d'un sabre, d'une poire à poudre et d'un petit sac.

L'autre type représente un chef peul du haut Sénégal, armé d'un sabre, d'un arc et d'un carquois. On remarquera, sur tous ces équipements, l'habileté avec laquelle les Sénégalais savent travailler et orner le cuir. Les flèches dont ils se servent, faites en fer doux, sont forgées avec beaucoup d'art; elles sont ensuite aciérées et souvent empoisonnées. Une lance en forme de feuille de sauge complète leur armement. Ils portent au cou des colliers en cuir, qui renferment pour amulettes des versets du Coran, et qu'ils nomment grigris, enfin des bracelets en métal ou en cuir aux bras et aux jambes.

(1) Costume offert par M. Aubry le Comte, commissaire de la marine.

NÈGRES DU HAUT-NIL [1].

N° 13.

Nègre du Bertat.

Ce naturel, entièrement habillé de peaux d'animaux, offre un aspect pittoresque. Son costume se compose d'abord d'un bonnet en peau de singe noir, surmonté d'une plume d'autruche; une peau de mouton noir à laine courte entoure, à la hauteur des reins, la partie postérieure du corps, tandis qu'une peau de chat-tigre est attachée sur la poitrine. L'armement se compose d'un bouclier de forme allongée, d'une lance en fer à dard barbelé, de 2^{m},60 de haut, d'un poignard ou couteau engagé au bras gauche par un anneau, enfin d'un beau casse-tête en ivoire, et d'une arme recourbée de forme tout à fait particulière. Un collier et des bracelets en fer, insignes du guerrier, ornent le cou et les poignets de notre personnage.

N° 14.

Contrée des Gallas.

Les tribus des Gallas qui entourent l'Abyssinie présentent des hommes d'une grande vigueur; la population prend chez elles un accroissement très-rapide et tend à se faire jour vers le nord. Très-habiles à forger le fer, ces nègres guerriers possèdent des armes remarquables, des javelots et des lances à longs dards et dont les hampes sont revêtues de peau de serpent.

Le Galla que nous représentons ici est armé d'un poignard

[1] M. le docteur Broca nous a donné pour cette série de précieuses indications.

en fer placé sous le bras; d'une épée courte, munie d'une poignée en corne, dont le dessin rappelle les anciennes formes égyptiennes; d'un carquois, de deux longs javelots et d'un bouclier en peau épaisse; enfin d'un beau casse-tête en ivoire terminé par une boule. Le bandeau de peau de panthère qu'il porte sur la tête est un insigne de chef. On remarquera les cicatrices qui ornent les joues et le visage, c'est le tatouage du pays.

NÈGRES DE LA CÔTE DE GUINÉE.

N° 15.

Gabon.

La race nègre qui habite le Gabon offre un des types les plus laids de l'espèce humaine. Le Paouin porte sur l'épaule un sac à provisions orné d'une longue et épaisse frange en fil de coco, et autour du corps un petit sac et un pagne en peau de singe noir. Il a pour armes une arbalète très-ingénieusement conçue (probablement importée par les anciens Portugais), et avec laquelle il lance de petits traits empoisonnés; un sabre et un poignard de forme singulière renfermés dans des fourreaux en peau de serpent; une hache; deux javelots, dont les hampes sont naturellement cannelées sur toute la longueur, enfin un bouclier en peau d'éléphant [1].

N° 16.

Côte de Guinée.

Cette contrée est peuplée d'une suite de tribus guerrières

(1) Don de l'Exposition permanente des Colonies.

qui sont là comme à l'affût pour prélever un tribut sur les caravanes apportant aux différents comptoirs les produits de l'intérieur de l'Afrique. Ces naturels sont armés d'un fusil à pierre qu'ils achètent aux Européens. Les populations sauvages n'ont pas encore voulu accepter les armes à percussion, craignant sans doute de ne pouvoir se procurer opportunément des capsules; l'arme à silex est plus simple, en ce qu'elle ne demande qu'un engin, la poudre. Ce personnage porte une coiffure bizarre et un collier orné de cauris, coquillages qui, apportés par les Européens des îles Maldives, servent de menue monnaie dans le pays. Un autre collier de verroteries et de petits grelots, qui produisent un bruit pendant la marche, lui offre une distraction que recherchent beaucoup les populations sauvages. Un petit sac, assez ingénieusement conçu, pend à son cou, renfermant des versets manuscrits du Coran.

N° 17.

Race Cafre.

Les Cafres constituent une population vigoureuse et guerrière; ils se préparent au combat par des exercices multipliés et qui remplissent une partie de leur vie. Ils ont comme arme défensive un bouclier fait en peau de bœuf et dont la forme varie selon les tribus. Ce bouclier porte intérieurement une gaîne où s'engage une houlette pourvue d'un panache en plumes noires d'autruche. En temps ordinaire, le berger cafre qui garde des moutons plante ce panache en terre, et c'est comme un étendard dont le troupeau ne s'écarte pas. Les Cafres ont pour armes offensives des lances et des sagaies à dard en fer, et un casse-tête en corne de rhinocéros terminé en forme de boule, et dont ils se servent aussi très-habilement comme arme de jet; enfin un arc et des flèches. Nous représentons ici un Cafre Bassouto avec son hausse-col, son lourd collier et ses bracelets en bronze.

N°s 18, 19.

Madagascar.

Les habitants de Madagascar sont d'origines très-diverses; on a cru découvrir chez eux un mélange de sang cafre et malais. Ils ont des cheveux plus longs et plus forts que ceux du nègre; quelques tribus les assemblent au moyen d'une foule de petites tresses pendantes; d'autres tournent sur elles-mêmes ces tresses de manière à en former des boules.

Le n° 18[1] représente un Sakalava (côte ouest) drapé dans une longue pièce d'étoffe de 3 mètres de long sur 2 mètres de large, nuancée très-habilement de diverses couleurs, appelée *lamba*. Il tient à la main un fusil remarquable par son ornementation (comme la plupart des habitants des côtes d'Afrique, les Malgaches ornent à leur façon les fusils qu'ils reçoivent d'Europe). Il a sur le front un petit ornement en coquille, insigne de chef, et pour amulette une dent de cachalot dans laquelle se trouve une relique de quelque ancêtre fameux.

Le n° 19[2] laisse voir le langouti, pièce d'étoffe qui, enveloppant le bas du corps, est attachée à la taille par une ceinture; il porte un bouclier en bois recouvert d'une peau de bœuf et deux sagaies. Il peut représenter un individu de la tribu des Betsileos (province centrale de l'île). Le lamba et le langouti, portés par le n° 19, sont tissés avec les fibres du palmier raphia.

(1) Offert au Musée par M. Grandidier.

(2) Don de M. Edmond Guillemin-Tarayre.

OCÉANIE.

Les nombreuses îles auxquelles on a donné le nom d'Océanie renferment trois races principales dont les limites sont assez exactement indiquées sur les cartes.

Le premier groupe, qui a pris le nom de Mélanésie, présente de nombreuses variétés de la race noire; il comprend : la Nouvelle-Calédonie, l'Australie, les îles Viti, Salomon, les Nouvelles-Hébrides, enfin les archipels habités par les Papous.

Le second groupe, la Malaisie, est peuplé par la race dite malaise, qui, selon toute probabilité, a pour lieu d'origine l'île de Sumatra. Ce peuple navigateur a pris un grand épanouissement et s'est répandu sur l'archipel des îles de la Sonde, celui des Carolines, des Moluques, etc. Il y aurait remplacé une race de petits nègres appelés Négritos, descendus de l'Inde par les îles Andaman et Nicobar.

Une opinion qui s'est fait jour depuis quelque temps porte à croire que ces groupes d'îles faisaient autrefois partie du continent, dont ils auraient été violemment séparés par l'invasion de la mer à la suite d'un cataclysme. Cette hypothèse se fonde sur ce que dans ces parages la mer est peu profonde et que l'on trouve dans les îles la

3.

faune et la flore du continent; la présence des Négritos s'y trouverait ainsi naturellement expliquée.

Le troisième groupe a reçu le nom de Polynésie et s'étend des îles Havaï, Taïti, Marquises, Samoa, jusqu'à la Nouvelle-Zélande.

Ces divisions toutefois n'ont rien d'absolu; dans presque toutes les grandes îles de l'Océanie, on voit les côtes habitées par une race différente de celle qui occupe les montagnes de l'intérieur. Celle-ci, qui forme assurément la race primitive, a reçu le nom générique d'Alforous; elle a dû quitter les côtes lorsque la race conquérante s'y est établie.

Nos 20, 21.

Nouvelle-Calédonie.

Les naturels de la Nouvelle-Calédonie, appelés Kanaques, présentent deux variétés de races qui diffèrent au moins par la couleur. Les uns sont d'un noir bleuacé et les autres d'une nuance tirant sur la couleur chocolat. Ils ont tous les cheveux noirs, abondants et crépus, le nez un peu aplati et les lèvres épaisses; leurs formes sont pures et leurs bras de la longueur de ceux de la race blanche. Ils habitent sous des cases de forme conique, couvertes en chaume et surmontées d'un buste hideux de forme humaine, peint en blanc, noir et rouge, orné d'un gros coquillage et du crâne d'un ennemi tué à la guerre. Ils ne portent pas de vêtements, et s'ils cachent leur nudité, c'est plutôt contre l'attaque des moustiques que par un sentiment de pudeur. Ils emploient pour cela un morceau de tapa enroulé et retenu à une ceinture faite de quelques brins de poil de roussette. On appelle tapa une étoffe en usage dans un grand nombre des îles de l'Océanie.

Elle est tirée de l'écorce du mûrier à papier, et pour la fabriquer, après avoir mis cette écorce vingt-quatre heures sous l'eau, on la frappe à coups répétés avec une masse de bois de forme allongée. La partie fibreuse peu à peu se dégage, et l'on en assemble les morceaux au moyen d'une colle végétale. Ajoutons que la roussette est une chauve-souris de la taille d'un gros rat, portant un poil rousseâtre bien fourni et dont les ailes mesurent 45 centimètres d'envergure.

Les Kanaques ont pour armes des sagaies en bois dur très-aiguës, qu'ils lancent avec habileté. On voit figurer sur quelques-unes d'entre elles une sorte de doigtier qui remplit un office semblable à l'amentum dans les javelots romains; cet appendice augmente la force de projection du bras, de celle des doigts. La longueur de jet de cette arme est de 30 à 35 mètres. Quelques sagaies sont munies d'un aiguillon tiré de la raie; d'autres servent de projectiles incendiaires.

La fronde se porte toujours enroulée autour de la tête; les projectiles, en forme d'olive, sont placés dans un filet attaché à la ceinture et dont les prolongements se nouent en arrière du corps. Ils sont faits de sulfate de baryte, matière lourde et facile à tailler; ils vont jusqu'à 200 mètres, mais le tir n'est juste que jusqu'à 60 ou 80 mètres. Les massues faites en bois dur affectent des formes très-diverses, au nombre desquelles il faut remarquer celle du casse-tête national dit *cagou*, et représentant une tête d'oiseau au bec allongé. Le cagou est un oiseau de la grosseur d'une poule, qui porte une crête argentée derrière la tête; il n'existe que dans la Nouvelle-Calédonie. Notons encore le casse-tête du n° 20, qui est en même temps un insigne de chef : il est fait d'un morceau plat de jadéite polie avec soin, et attaché à un manche de bois avec des cordes en poil de roussette.

Les Kanaques portent à la ceinture une gourde, un sac à provisions en jonc tressé et une coquille plate et coupante qui leur sert de couteau. Ils s'ornent le cou avec des colliers de coquillages, les jambes et les bras avec des bracelets munis de brins de poil de roussette et d'ovules qui constituent la monnaie du pays. Le n° 20 porte à l'avant-bras un bracelet de chef tiré d'un grand cône.

Ces naturels sont anthropophages; c'est chez eux comme un rite de manger son ennemi, peut-être aussi un moyen de l'effrayer par le sort qui l'attend. Notre domination sur ce pays n'a pu encore déraciner cette coutume barbare; on sait qu'après un combat les Kanaques se retirent au fond de leurs forêts pour s'y livrer. Ils sont divisés en tribus gouvernées despotiquement. Le chef porte au petit doigt de la main gauche un morceau de tapa noirci nommé *tillet*, tiré de l'écorce du figuier banian, arbre singulier dont les branches, retombant à terre, y prennent racine, et forment ainsi une sorte d'abri, qui semble supporté par une colonnade. Leurs sorciers, ou pour mieux dire leurs prêtres, jouissent d'une grande influence. Avant l'entreprise d'une guerre, le sorcier se met à la recherche de *la pierre de guerre*, sorte de scorie ayant la forme d'un oiseau; dès qu'il l'a découverte, il se noircit le corps de la tête aux pieds, prend un igname (végétal qui fait le fond de la nourriture des Kanaques), le fait cuire, en mange la moitié, donne l'autre moitié aux morts; puis, ayant mis la pierre sacrée dans un morceau de tillet, il s'endort la tête placée dessus. La pierre lui révèle quel sera le résultat de la guerre; si l'oracle est favorable, les chefs se réunissent, et le plus puissant d'entre eux, après une allocation, pousse le cri de guerre: Din! din! akatika! C'est alors que commence la danse guerrière. Les acteurs de cette scène portent sur la tête le masque de guerre (voir le n° 21), représentation bizarre d'une figure humaine en bois sculpté, ayant la bouche ouverte, et c'est par cette sorte de lucarne que le danseur peut diriger ses regards. Au masque est attaché un filet qui porte à chacun de ses nœuds une touffe de plumes d'un pigeon commun dans le pays, le notou. Le Kanaque chargé d'aller déclarer la guerre jette à l'ennemi une sagaie et un coquillage; peu de temps après le combat s'engage, d'abord au moyen d'embuscades, puis l'action se décide dans une bataille rangée.

N°s 22, 23.

Australie.

L'Australie forme un continent d'une vaste étendue, qui comprend aux différentes latitudes des populations diverses.

Les Anglais ont depuis longtemps déjà entrepris l'exploitation de ce pays; à mesure que cette invasion s'avance, sans du reste être trop inquiétés, les naturels disparaissent. Nous représentons deux types de cette contrée.

Les Australiens sont généralement des nègres d'un noir intense, pourvus les uns de chevelures et de barbes longues, ondoyantes et frisées naturellement, les autres de cheveux crépus. Leur front est étroit et proéminent, leurs lèvres épaisses, les narines démesurément larges, les yeux petits et de forme allongée. Ils portent un os ou un roseau passé au travers de la cloison du nez, ou planté dans les narines, usage très-répandu chez les sauvages des divers continents. Ils ornent leur front d'un morceau de peau de casoar (n° 22) ou de kangourou (n° 23), et appliquent sur leur chevelure, au moyen d'une gomme, des plumes, des os de poisson, des queues de chien, des dents de kangourou, etc. Ils se barbouillent le corps de rouge et de blanc. Leur tatouage consiste à faire naître, au moyen d'incisions sur la peau, des tubercules coniques et de longues cicatrices formant un système d'ornementation; ils s'entourent le cou de colliers faits de coquillages blancs ou de morceaux de tubes en roseau.

Ces naturels vivent généralement nus; parfois aussi ils se couvrent les épaules d'un morceau de peau de kangourou. Ils se frottent la peau d'une huile infecte pour éloigner les moustiques. Dans une fête qui se célèbre annuellement, on arrache aux jeunes gens une des dents incisives, et on leur fait subir des cicatrices regardées comme honorables, et d'un dessin différent pour chaque tribu. C'est là encore un moyen de leur apprendre à savoir souffrir. On les exerce de bonne heure à la fatigue, en les conduisant à la chasse au kangourou.

Leurs armes sont assez intéressantes à étudier. Ils portent d'abord de longues lances faites en bois dur, unies ou barbelées, des javelots ou des sagaies ayant à leur partie postérieure une petite cavité, et c'est là qu'ils engagent le crochet d'un engin destiné à les lancer, appelé *vummera* (n° 22). Pour cela, on tient le vummera par le manche avec la paume de la main et les trois derniers doigts, tandis que le pouce et l'index maintiennent le trait. L'extrémité postérieure du vummera est souvent munie d'une coquille coupante d'huître perlière, qui sert de couteau et aussi de bêche pour déterrer la racine de fougère et d'igname, végétaux dont ces naturels se nourissent.

Il faut citer encore une arme curieuse, le boumerang (n° 23), sorte d'arc de cercle en bois plat, légèrement courbé en hélice et qui possède la singulière propriété de revenir aux pieds de celui qui l'a lancé, lorsqu'il n'a pas touché le but. On l'emploie à la chasse et à la guerre.

Le casse-tête est en forme de poire allongée. On pare les coups de cette arme avec un bouclier en bois taillé en losange; un autre bouclier plat en écorce d'arbre, durcie au feu, sert de défense contre les sagaies. Ces armes défensives ont pour système d'ornementation les lignes brisées droites et parallèles. Les Australiens ont encore pour massues des pierres en forme de haches taillées ou polies, enchâssées avec une gomme [1] très-résistante dans un manche formé de deux lattes flexibles et reliées entre elles par des attaches. Ils se servent aussi d'une hache en pierre coupante pour monter sur les grands arbres; pour cela ils se tiennent de la main gauche à l'arbre, tandis qu'ils font de la main droite une entaille qui reçoit le gros doigt du pied. C'est ainsi qu'ils s'emparent des chats sauvages et des opossums qui habitent les trous de ces arbres. Ils en sont à l'âge de la pierre; on ne trouve chez eux aucune trace de métal.

Ils portent un petit sac en filet dont les mailles sont faites d'une façon particulière, c'est-à-dire sans nœuds; c'est la maille des filets que l'on a trouvés dans les stations lacustres. Ils y mettent de la colophane, un morceau de rouge et de blanc pour se peindre, du bois sec pour faire du feu et qu'ils allument par frottement.

N° 24.

Nouvelle-Guinée.

La Nouvelle-Guinée présente un grand continent encore imparfaitement connu, et habité par des nègres compris sous la désignation de Papous. Ces naturels, qui présentent des types divers, sont aussi placés à des degrés bien différents de civilisation.

Notre n° 24 représente un type sauvage, mais aussi un des élégants de la tribu. Sa chevelure très-longue et très-dense, teinte en roux avec de la chaux et poudrée en blanc avec du corail pulvérisé, forme deux grandes touffes recouvertes d'un diadème fait en plumes de casoar. Au-dessus se dresse un peigne de guerre orné d'un oiseau de paradis, la merveille

[1] Cette gomme, tirée du *Xanthera australis*, est employée au sortir de l'écorce et durcit immédiatement.

zoologique de cette contrée qui en possède tant d'autres. Un bandeau de petites coquilles et un collier de dents de cachalot complètent la parure. La figure est peinte en rouge, de petits bâtons de nacre sont engagés dans la cloison du nez et dans les lobes des oreilles, un tatouage bleu se dessine sur la poitrine.

Les armes sont remarquables: c'est un casse-tête formé d'un long manche en bois dur, sur lequel est engagé un globe de serpentine, puis une lance habilement barbelée. Nous avons placé sur le socle une flèche armée d'un petit marteau en bois : c'est avec cet engin qu'on tue les oiseaux précieux pour ne pas en détériorer la peau.

N° 25.

Iles de l'Amirauté.

Les sagaies employées par les naturels de ce groupe offrent une particularité qui mérite d'attirer l'attention : elles portent, comme celles des anciennes populations mexicaines, des dards en obsidienne.

Un petit couteau fait d'une lame d'obsidienne à deux tranchants est toujours suspendu à la ceinture du guerrier, qui porte encore quelques autres sagaies ayant pour dard un morceau de bambou taillé en pointe aiguë. Les bras sont ornés de bracelets pris dans de grands cônes; il y en a parfois jusqu'à cinq au même bras. Ces sauvages se teignent la chevelure en roux avec de la chaux, l'ornent avec un peigne surmonté de plumes de coq et de fleurs d'hibiscus. Des feuilles roulées sur elles-mêmes, et formant un petit cylindre, sont engagées dans un trou pratiqué dans les lobes des oreilles; c'est même ainsi que les naturels de l'Océanie arrivent à se faire dans les oreilles des ouvertures démesurément grandes; la feuille, en vertu de son élasticité, tend à se dérouler et force peu à peu l'orifice où elle est placée. Notre personnage porte suspendu au cou un humerus d'ennemi ficelé avec des plumes d'aigle tailladées; peut-être aussi est-ce là une relique d'ancêtre, usage consacré dans certaines contrées. On remarquera sur la poitrine un ornement parfois aussi porté sur le front, c'est une rondelle de coquille blanche de tridacne, sur laquelle se détache une feuille mince d'écaille finement découpée. Une sorte d'anneau en écaille est aussi engagé dans la cloison du nez.

Les habitants de cet archipel se font sur la poitrine et sur les épaules des cicatrices de forme circulaire, qu'ils impriment au moyen d'une brûlure. Ils se barbouillent la figure de blanc ou de rouge. On remarquera la finesse du tapa qui sert de pagne à notre guerrier et sa petite gourde avec les dessins qui la décorent.

N° 26.

Nouvelles-Hébrides.

Le personnage que nous représentons ici porte sur la tête un masque de guerre; à côté, sur le socle, se trouve une autre coiffure d'une facture assez originale, mais qui, d'une capacité intérieure plus restreinte, a dû servir de casque. Au cou se trouve attaché, sur une torsade de tapa blanc, un ornement fait de joncs tressés, et sur la poitrine trois pendants taillés dans des dents d'hypérodon. Les armes sont intéressantes à observer: c'est une lance faite de piquants pris dans des os humains et dont les interstices sont couverts de fils très-ténus enlacés avec habileté, et un poignard en bois muni sur les deux arêtes de dents de requin. Cette dernière arme est en usage dans plusieurs des archipels voisins.

N° 27.

Archipel des îles Salomon, île de San-Cristoval.

Cet archipel se compose de sept îles importantes par leur étendue, et qui présentent chacune, au point de vue ethnographique, des caractères particuliers. Notre n° 27 représente un chef de l'île de San-Cristoval; sa figure est tatouée au moyen d'incisions faites dans la peau et qui, plusieurs fois répétées, y ont laissé des cicatrices. Sa chevelure, très-fournie et teinte en roux à la chaux, est ornée d'un diadème d'ovules blanches, d'un peigne surmonté de plumes de perroquet et de deux glands rouges. Un hausse-col en nacre, un collier de dents humaines, des boucles d'oreilles, un pagne remarquable et des bracelets faits de rondelles découpées dans des coquilles, ce qui indique une somme de travail considérable, forment sa parure. Il porte suspendu au côté et engagé dans un lien, des anneaux de coquilles, monnaie du pays. A côté se trouvent la boîte à bétel et ses accessoires, la gourde et l'aiguille à chaux. Le bétel est une substance enivrante se composant d'un mélange de poudre de noix d'arec, de poivre et de chaux. Pour s'en servir, le naturel fait une boulette qu'il place dans le coin de la bouche et qu'il mâche à loisir; pour en raviver l'effet, il mouille l'aiguille avec de la salive, la trempe dans la gourde à chaux et met dans la bouche les parcelles qui s'y trouvent adhérentes.

Les naturels des îles Salomon sont armés de flèches et d'arcs. Notons en passant que les archipels où l'on se sert de ces engins forment une bande qui s'étend de la Nouvelle-Guinée aux îles Viti; les Polynésiens, ainsi que les habitants de l'Australie et de la Nouvelle-Calédonie, ne s'en servent pas. Les flèches que nous présentons sont d'un remarquable travail; elles se composent d'une hampe en roseau dans laquelle un dard en bois habilement barbelé s'engage par la pointe inférieure. (Nous plaçons deux de ces dards sur le socle.) Ces flèches sont souvent terminées par un os taillé en pointe, ornementé et empoisonné; pour cette dernière opération, on trempe, dit-on, ce dard dans un corps en putréfaction (c'est la piqûre anatomique), souvent aussi dans un jus de plantes vénéneuses. La corde de l'arc est faite avec une liane. Un casse-tête est placé dans la main gauche; on remarquera les belles courbes de cette pièce de choix [1].

N° 28.

Iles Viti.

Les explorateurs ont pendant longtemps éprouvé de graves difficultés pour pénétrer dans ce groupe. On trouve là une race guerrière, vigoureuse, bien conformée et d'un ton noir légèrement rougeâtre; leur figure est intelligente et le nez généralement aquilin. Ces naturels, très-soigneux de leur corps, prennent plusieurs bains par jour. Ils ajustent souvent leurs cheveux et les rougissent avec de la chaux ou avec l'infusion d'une écorce d'arbre dans l'huile de coco. Ils les crèpent en forme de ballon ou les roulent en canons autour de la tête, au-dessus de laquelle s'élève un peigne orné de plumes de perroquet. Ils se mettent dans les oreilles des tiges à bouton, taillées dans des coquilles et sur lesquelles est sculptée une image de leur divinité (Atoua). Ils ont au cou des colliers de rondelles de coquilles découpées, de dents de porc, de mâchoire de rat ou de chauve-souris.

On remarquera la forme caractéristique du casse-tête, dont nous présentons ici un beau spécimen; une autre petite massue

[1] Nous devons ces renseignements à la bienveillance de M. le docteur Hamy, dont les conseils nous ont été fort précieux.

d'un pied de long est suspendue au poignet droit ou à la ceinture; une lance enfin complète l'armement.

N° 29.

Ile des Papous.

Dans les îles qui entourent la Nouvelle-Guinée et sur quelques points de ce continent, habitent des naturels qui ont acquis un certain degré de civilisation. Le n° 29 présente un de ces types. Il est habillé d'un sac ouvert en haut pour le passage des bras et de la tête, qui paraît être et avoir été le vêtement des peuples primitifs. Ce vêtement porte une curieuse broderie faite avec des graines; un large chapeau hémisphérique fait en feuilles de vaquois, également brodé, ombrage la tête. L'armement se compose d'un sabre de facture singulière, d'une longue lance en fer et d'un bouclier orné de fragments d'ovules blanches.

MALAISIE.

N° 30.

Naturel de Bornéo.

L'île de Bornéo présente une contrée montagneuse fort étendue, dont les différentes parties n'ont pas encore été bien explorées. Le type de ce pays que nous reproduisons porte un petit casque formé d'un panier de jonc tressé, recouvert d'un fragment de peau et figurant grossièrement une tête; au-dessus est placé un crâne de callao orné de plumes d'argus. Une sorte de chasuble étroite parsemée de rondelles de coquilles est passée au cou; des bracelets en fil de cuivre contournés en spirale entourent les bras et les jambes, deux colliers et des boucles d'oreilles de même métal constituent ensemble l'ornement typique de la contrée.

L'armement se compose d'abord d'une sarbacane munie d'un fer de lance, et d'un carquois. Les flèches sont faites de petites tiges de bois pointues et terminées à l'autre extrémité en forme de cône. C'est ensuite un sabre dont la garde est ornée de cheveux et dont le fourreau en bois a été pourvu d'un petit couteau destiné à couper le bambou; un bouclier (pièce remarquable) sur lequel est peinte une tête fantastique, et où sont disposées en quinconces des mèches de cheveux d'ennemis, sert d'arme défensive.

La population de Bornéo se compose de colonies chinoises et de tribus malaises éparses sur les côtes, enfin des premiers occupants du sol, les Dayaks, peuplades d'une férocité repoussante. Un guerrier dayak ne jouit auprès des siens de quelque considération que lorsqu'il a coupé un certain nombre de tête humaines. Cette passion sanguinaire est passée chez eux à l'état d'aberration mentale, et ils mettent dans ces terribles exécutions un sentiment de volupté; c'est encore là pour eux la sanction indispensable des grands actes de la vie; il est à croire que cette coutume a pris naissance dans une superstition religieuse : si quelque rajah tombe malade ou fait un voyage, il s'engage à sacrifier une tête humaine pour être guéri ou se ménager un bon retour; on immole encore des victimes à la mort d'un chef, ou pour cimenter les traités de paix.

Si un Dayak a fait vœu de fournir une tête, il faut qu'il se la procure à tout prix : pour cela il se cache dans les hautes herbes, guettant sa victime des journées entières. Dès qu'il l'aperçoit à portée de sa sarbacane, il lui décoche une flèche, et dès qu'il voit que le poison commence à agir, il s'élance sur elle et d'un seul coup lui tranche la tête. Cette tête est apportée dans un panier de forme particulière nommé ottat, spécialement destiné à cet usage (voir celui qui est placé sur le socle à côté du personnage). Il est orné de mèches de cheveux prises sur les têtes que le Dayak a déjà coupées. Ces exécutions deviennent souvent l'occasion de guerres sanglantes qui dépeuplent le pays. Aujourd'hui quelques tribus plus civilisées remplacent les sacrifices humains en immolant des porcs.

(Voir pour ces détails la belle publication du *Tour du monde.*)

N° 31.

Malais [1].

Comme nous l'avons déjà dit, les Malais ont, selon toute probabilité, pris leur origine dans l'île de Sumatra; ils se sont faits pirates et se sont répandus dans un grand nombre des îles de l'Océanie, depuis le Japon jusqu'à Madagascar.

Les armes des Malais sont aussi remarquables par leurs formes typiques que par le travail des matières qu'on y emploie. Les lames sont faites en damas, et l'on ne saurait trop admirer l'habileté que l'on met dans ce pays à en varier les effets. On sait que le travail du damas consiste à souder entre elles, par une forte chaleur, des lamettes de fer et d'acier et à les forger de manière à obtenir à la surface divers dessins. La pièce une fois forgée et limée, on fait paraître ces dessins au moyen d'un acide étendu dans de l'eau, qui laisse le fer brillant et met à nu les molécules du charbon qui entrent dans la composition de l'acier. L'arme nationale des Malais est le kris, poignard dont la lame affecte la forme dite *flamboyante.* Ces armes, de dimensions très-différentes, sont souvent incrustées de métaux précieux, et leurs poignées sont ornées de ciselures et de gemmes.

[1] Costume offert au Musée par M. Cernuschi.

Les Malais portent deux kris, un derrière l'épaule et un plus grand à la ceinture. Ils ont des lances dont les fers affectent aussi la forme flamboyante. Le fusil et ses accessoires sont aujourd'hui chez eux en usage comme en Europe.

POLYNÉSIE.

N° 32.

Iles Carolines [1].

Les Carolines constituent un archipel de forme allongée, situé à gauche de la Malaisie. Les naturels de cette contrée ont le teint jaune à l'ouest, et vers l'est beaucoup plus foncé; leur physionomie est agréable, leur taille moyenne. Ils portent des chapeaux de forme chinoise, faits avec des feuilles de vaquois. Ils se placent des spadices d'arum ou des morceaux de bois dans les oreilles, qu'ils ont la singulière habitude de teindre en jaune avec du curcuma. Leur tatouage consiste en lignes continues de petits traits diversement agencés. Ils ont pour armes de grandes lances en bois, des frondes, des bâtons pointus garnis d'os de poisson, des haches en coquilles, enfin des massues.

Notre naturel est en tenue de guerre, ses cheveux sont redressés et liés sur le haut de la tête. Il porte un singulier vêtement de cordages réunis en manière de filet; la culotte se prolonge en avant jusqu'au cou, où elle est suspendue par une anse de corde; une petite veste couvre les bras, le dos et la poitrine. Une cuirasse faite en fibres de coco défend le haut du corps et se prolonge derrière la tête. Le n° 32 est armé d'une massue, d'une grande lance barbelée en manière

[1] Don de M. Ballieu, consul de France à Honolulu (île Havaï), correspondant du Musée.

de cônes successifs, d'une arme bizarre garnie de dents de squale, d'une fronde et d'une hache en coquille de tridaene.

N° 33.

Iles Taïti [1].

Les habitants de Taïti préparent avec habileté le tapa, dont ils se servent pour leurs vêtements; ils le teignent en jaune avec une infusion de curcuma; ils l'ornent souvent au moyen d'applications de fougères de couleur pourpre et aux feuilles très-déliées. Ils se couvrent la tête d'un large morceau de cette étoffe, qui ressemble à une dentelle.

Les Taïtiens sont forts et de haute taille, presque blancs. Ils ont pour armes des lances barbelées, de grande longueur, et des casse-tête. Ils ne portent pas de tatouages sur la figure; ils se peignent seulement sur le corps quelques cercles ou des étoiles. On sait qu'ils ont une sorte de religion, et qu'ils rendent un culte au dieu Faroa, qui, brisant un jour la coquille dans laquelle il était enfermé, créa la grande terre, c'est-à-dire Taïti.

N° 34.

Nouvelle-Zélande.

On trouve dans ces grandes îles deux races différentes : les naturels qui appartiennent à la première sont grands, bien faits, d'un ton rouge bistré; ils ont les cheveux lisses, noirs, quelquefois châtains; c'est la race conquérante. Les autres sont plus petits, de structure trapue; ils ont les cheveux crépus et le teint foncé comme les mulâtres; c'est assurément ici la race autochthone.

[1] Costume offert par l'Exposition permanente des colonies.

Les chefs tiennent leur pouvoir du droit de naissance, et ils ont, en temps de guerre, une autorité absolue. Comme dans presque toutes ces contrées, ils commencent la guerre par des embuscades et la terminent par des batailles rangées; avant le combat, ils se peignent la figure en rouge, et se préparent à l'action en poussant des cris sauvages, en faisant les grimaces et les gestes les plus extravagants, en sortant démesurément la langue, et tournant le globe de l'œil de manière à ne laisser paraître que le blanc. Leur fétiche (Oudou), emblème de la gloire, est ainsi représenté. (Voir le fétiche suspendu au cou de notre guerrier)[1].

Ces naturels sont anthropophages. Les prisonniers sont assommés à coups de casse-tête, puis dévorés. L'anthropophagie est là une conséquence de la guerre et un sérieux procédé d'intimidation.

Les peuplades de la Nouvelle-Zélande sont passionnées pour la guerre, et les familles des chefs y préparent de bonne heure leurs enfants, en leur faisant subir de dures épreuves. Une des plus douloureuses est celle du tatouage, qui constitue à la fois une marque de considération et une indication du rang. Cette opération consiste à tracer des sillons dans la peau avec un os d'albatros placé à angle droit dans un manche en bois. Les cicatrices qui en résultent donnent parfois lieu à des dessins très-compliqués, qui sont accentués par une coloration en noir ou en bleu foncé, obtenue avec du manganèse ou une teinture végétale.

Les Néo-Zélandais s'habillent avec deux nattes; celle qui couvre immédiatement le corps est faite avec des fibres de phormium, et souvent ornée de plumes d'un oiseau commun dans la contrée, nommé kivi. L'autre est un manteau formé

[1] Répétons ici ce que nous avons dit au début de cette étude, c'est que nous nous sommes placés à une époque de soixante ans antérieure à la nôtre. Les Néo-Zélandais sont aujourd'hui des peuples civilisés.

de roseaux souples et très-fournis, dont les brins pendent à l'extérieur.

Les navigateurs ont dit que ce manteau donnait aux naturels l'aspect d'une ruche ambulante.

Notre personnage représente un chef de haut rang; sa figure est un vrai chef-d'œuvre de ciselure. Ses cheveux sont relevés au sommet de la tête, d'où ils retombent en trois mèches formant panache et ornées de plumes d'albatros. Le cou porte un fétiche en jade, et le poignet un bracelet fait d'une vertèbre d'ennemi.

Les Néo-Zélandais ont pour armes des lances de bois dur, démesurément longues, barbelées et souvent garnies de fragments d'os; un casse-tête en bois, de 1^{m}50 de long et terminé par une masse en forme de quart de cercle tranchant sur sa circonférence. Ils ne connaissent pas l'usage de l'arc, du bouclier ni de la fronde. Ils portent suspendu au poignet droit le casse-tête national, nommé mère ou patou-patou, fait en jade, en basalte ou en os de poisson; c'est une sorte de hache de forme allongée, arrondie et tranchante à l'extrémité, et de 50 centimètres de longueur.

Les naturels de la Nouvelle-Zélande reconnaissent les trois principes de la religion hindoue: Brahma, Chiva et Vichnou. Ils ont adopté, pour leurs armes et pour les objets en bois dont ils font usage, un genre d'ornementation particulier qui procède de cercles sans fin : c'est la représentation du serpent qui voulut dévorer le monde, et que Vichnou combattit. Le fétiche que les guerriers portent suspendu au cou représente Chiva, le dieu du mal et aussi de la gloire.

N°s 35, 36.

Iles Marquises.

Les naturels des Marquises sont d'une forme magnifique

et d'une vigueur remarquable; on peut s'en rendre compte en voyant la taille des casse-tête qu'ils ont entre les mains. Ils sont presque blancs, et se tatouent de la tête aux pieds, exécutant sur leur peau les dessins les plus compliqués.

Nous présentons deux de ces naturels. Le n° 36 porte une grande coiffure de plumes de coq disposées en éventail, un diadème de bois semé de petites graines rouges, et aux joues deux appendices peints en blanc. Au-dessus du diadème s'élève un faisceau de plumes de phaéton, plumes dont deux seulement se trouvent sur la queue de cet oiseau; c'est ensuite un hausse-col, des bracelets de pieds et de jambes en plumes de coq, une grande coquille nacrée, et une moitié de crâne d'ennemi comme vase à boire. Un éventail en jonc finement tressé et muni d'un manche ciselé est l'insigne du chef. Les épaules sont couvertes d'un grand manteau de tapa, teint en rouge avec le jus d'une figue du pays. Le pagne est fait d'une longue pièce de tapa, nommée maro, fréquemment en usage dans la Polynésie; il s'engage d'abord autour du corps, descend par derrière, et remontant ensuite entre les cuisses jusqu'à la ceinture, retombe flottant jusqu'à mi-hauteur des cuisses.

Le n° 35 porte sur la tête une couronne habilement travaillée, faite de fleurons de coquille blanche, alternant avec d'autres en écaille, sur lesquels sont figurés des fétiches. Le cou est orné d'un hausse-col en plumes de coq et d'un collier de vertèbres de requin; les bras et les jambes sont pourvus de bracelets formés d'épaisses touffes de cheveux; c'est enfin la trompe de guerre faite d'un coquillage sonore, ayant pour embouchure une petite calebasse.

Les naturels des Marquises ont pour armes des casse-tête, de longues lances et des javelots en bois dur.

N° 37.

Iles Havaï ou Sandwich.

Lorsqu'on découvrit les îles Havaï, on y trouva un souverain jouissant de toutes les prérogatives et entouré de l'étiquette qui accompagnent la royauté. Il avait une garde vêtue de somptueux manteaux de plumes qui représentaient une grande valeur. Notre figure porte un de ces manteaux dont la trame, faite en filet, porte une plume à chaque nœud. Ces plumes sont tirées d'un petit oiseau aux couleurs rouge, jaune et noire, de la famille souimanga, et l'on jugera combien il a fallu de ces oiseaux pour la confection du manteau. Une autre singularité, c'est que les gardes du roi portaient des casques rappelant la forme des casques grecs. Le musée du Louvre en possède de très-curieux; le nôtre est recouvert, comme l'indiquent nos explorateurs, d'une étoffe de plumes, la même que celle du manteau. Ces guerriers avaient le corps tatoué en damier affectant la forme de carrés, de triangles ou de losanges. Les populations des îles Havaï sont aujourd'hui civilisées; mais, par souvenir d'autrefois, le roi a encore quatre hérauts couverts du casque et du manteau traditionnels en plumes.

Le n° 37 porte une lance en bois fort élégante et une herminette en basalte avec manche en bois sculpté, insigne du commandement.

AMÉRIQUE.

L'origine des races américaines présente encore beaucoup d'obscurité. On croit que les naturels qui habitent le continent au nord de l'équateur, et désignés sous le nom de Peaux-Rouges, sont venus des contrées sibériennes et qu'ils ont pénétré par la chaîne continue formée par les îles Aléoutiennes jusqu'au détroit de Bhering. De là ils se seraient répandus peu à peu jusqu'à l'isthme de Panama. Après une longue série de siècles, ces populations se seraient modifiées par l'influence du climat, ainsi que par les habitudes qui ont dû en être la conséquence. Au nord, les Esquimaux, avec leur peau jaune et leurs yeux relevés à l'angle externe, ont conservé quelque ressemblance avec la race mongolique. Viennent ensuite les Peaux-Rouges, race vigoureuse et guerrière, exclusivement adonnée à la chasse, vivant par tribus. Plus au sud, on trouve au Mexique les Aztèques, qui, avant la conquête espagnole, avaient formé un empire puissant. Deux branches s'en étaient séparées, les Quichoas, qui ont conquis le Pérou, et les Muyscas la Colombie, où se trouvaient alors les Aymaras, population primitive.

L'histoire des races qui couvrirent l'Amérique du Sud est bien plus obscure encore. On trouve la race caraïbe aux Antilles, à la Guyane et dans une partie du Brésil, et elle semble se rattacher par quelques caractères aux races asiatiques. Ce sont ensuite les Guaranis dans la partie ouest du Brésil et sur le cours de la Plata, les Puelches au Chili, les Patagons, enfin les Pecherais, race abâtardie qui semble avoir été refoulée à l'extrême sud.

N°s 38, 39, 40, 41.

Amérique du Nord.

Les Peaux-Rouges de l'Amérique du Nord sont aujourd'hui refoulés de tous côtés à l'intérieur par les Européens, qui arrivent aux États-Unis par les deux Océans. Comme ces populations se montrent complétement rebelles à l'état de civilisation, elles sont fatalement condamnées à disparaître un jour. On a vu quelques individus, fils de chefs de tribu, qui ayant fait leur éducation à New-York, et après avoir joui à Paris de tous les attraits de la civilisation moderne, sont revenus à la vie sauvage, oubliant au bout de peu d'années tout ce qu'ils avaient appris.

Ces tribus n'ont d'autre souci que la chasse et la guerre; elles s'y préparent de bonne heure par des exercices variés, par des danses et des fêtes. La chasse du bison est leur occupation favorite, et ils en attaquent les troupeaux au milieu des neiges, montés sur des chevaux d'une extrême vigueur. Ils conduisent avec le même entrain une action de guerre, et y déploient une surprenante activité. Il est à croire qu'on ne trouverait nulle part de meilleurs éclaireurs; à chaque instant ils se présentent à l'ennemi, se dissimulent et reparaissent sur un autre point, avec une rapidité capable de dérouter les meilleures troupes.

Ils traitent cruellement leurs adversaires; ils ont l'habitude de détacher avec leur couteau nommé scalp, une bande du cuir chevelu du vaincu; pour cela ils lui mettent le pied sur le cou, tranchent la bande qu'ils veulent enlever, et en faisant effort sur les cheveux, l'enlèvent d'un coup. C'est ce que représente le n° 38. Cette chevelure est un trophée qu'ils suspendent à leurs lances, à leurs haches, et aussi dont ils ornent l'intérieur de leurs tentes. Ils ont pour armes des arcs courts et solides, des flèches dont le dard est en forme triangulaire allongée. Les fers de lance, de forme semblable, sont engagés et rivés dans une fente pratiquée au bout des hampes, qui reçoivent toutes sortes d'ornements, des crins, des plumes d'oiseau de proie, des perles, des chevelures. Les casse-tête se terminent généralement par un renflement en forme de boule, quelquefois muni d'une pointe de fer. La hache nationale de guerre, nommée tomahawk, se compose d'une lame pointue en fer, percée à jour suivant certains dessins, et engagée dans un manche à direction brisée. Cette arme terrible frappe ainsi à la fois d'estoc et de taille. Les tribus qui se trouvent en contact avec les Européens sont aujourd'hui armées de fusils qu'elles tirent avec la plus grande justesse.

Nous présentons quatre costumes assez intéressants, faits de peaux ornées de verroteries. Les culottes se composent de deux fourreaux pour les jambes, attachés à la ceinture, tandis qu'une autre pièce de cuir, passant entre les jambes, garantit le bas du corps. Les coiffures sont remarquables par leur bizarrerie. Les boucles d'oreilles ont une grande importance dans la parure; les oreilles, percées souvent en plusieurs endroits sur le pourtour, en reçoivent toute une série. Notons encore, au nombre des objets de luxe, la poche à tabac, le fourreau du scalp et la pipe, enfin les différentes manières dont ils se peignent le visage.

Lorsque les chefs d'une même contrée se réunissent, ils consacrent leur alliance par la cérémonie du calumet. Pour cela, le plus âgé décrit un cercle sur la terre, et après quelques signes cabalistiques, fait apporter un charbon ardent, avec lequel il allume le calumet national. Il l'offre alors au grand Manitou, puis le passe à chacun des autres chefs, qui le fument tous à la ronde, chacun d'eux d'une manière différente.

Ces tribus vivent sous des tentes couvertes de peaux de bison assemblées. Ils n'enterrent pas leurs morts; ils les enferment dans une sorte de bière faite de planches, et que l'on suspend sur quatre pieux enfoncés en terre, à deux mètres et demi du sol, les mettant ainsi à l'abri des bêtes fauves. Ils y enferment une pipe, du tabac, un arc, des flèches, enfin des provisions pour le grand voyage.

N° 42.

Guyane.

Le fleuve des Amazones et ses affluents en descendant des Cordillières, arrosent la plus grande plaine du monde. De nombreuses tribus d'Indiens sont distribuées sur ce territoire insalubre; nous en reproduirons quelques types. Le n° 42 représente un naturel de la partie de la Guyane se rapprochant de la contrée qui a pris le nom de Para. Il est orné plutôt que vêtu de ces costumes qui empruntent aux oiseaux de ce pays un si vif éclat. Les coiffures sont montées sur de petits paniers en jonc, auxquels est attaché un ornement que l'on place sur la poitrine ou sur le dos. Notre Indien porte pour armes un faisceau de grandes flèches en bambou, terminées par un os de poisson à barbelures très-ténues, et empoisonné avec du curare; ce poison, dont on ne connaît pas exactement la composition, est, paraît-il, d'un effet très-prompt.

Les flèches sont lancées avec un grand arc en bois dur;

souvent pour les tirer l'Indien se couche sur le dos, bandant l'arc avec le pied. Il faut citer encore, comme armes offensives, une grande massue en bois de palmier et un petit casse-tête qui est porté suspendu au bras.

N° 43.

Brésil.

Cette figure, que l'on peut rapporter à la tribu des Mundrucus, porte un tatouage d'un dessin simple et élégant qui couvre tout le corps. Les mains et les pieds sont peints en jaune à l'aide du curcuma. Les plumes qui composent les différentes parties du costume sont tirées des deux grands aras du Brésil, et l'on remarquera avec quel art elles sont disposées. Des élytres de bupreste aux couleurs brillantes pendent sur la poitrine, et produisent, en frappant les unes contre les autres pendant la marche de l'Indien, un petit bruit qui le charme. On voit dans la main gauche une sarbacane, long tube en bois recouvert d'une liane enroulée en hélice; au côté gauche se trouve suspendu un carquois, pourvu d'une calebasse qui est remplie de soie végétale destinée à la préparation des flèches. La flèche est un petit trait empoisonné à la pointe, et dont l'autre bout porte enroulé un tampon de cette soie. Au côté droit de notre figure est suspendue une sorte d'arme de chasse, qu'on lance contre les animaux. La main droite tient un engin de guerre qui sert de casse-tête et aussi d'arme de jet contre l'ennemi.

N° 44.

République de l'Équateur.

Cet Indien appartient à l'une des tribus des Jivaros, habitant les bords du Marañon, un des affluents du cours supérieur des Amazones. Il est armé d'une grande massue, taillée en forme de couteau à un seul tranchant, et d'une longue lance ornée de plumes. Des colliers de graines entourent son cou; il est couvert d'un manteau et d'un pagne en tapa épais sur lequel sont tracés des dessins, et porte une coiffure de plumes rayonnantes maintenues dans une couronne en jonc.

On voit, suspendu à une tresse de la chevelure, un de ces trophées de guerre qui ont étonné le monde savant, lors de leur première apparition en Europe : c'est une tête de chef ennemi tué à la guerre; on en a extrait les os, et les chairs, desséchées par un procédé encore inconnu, ont conservé exactement la forme de la figure, réduite environ au huituième de sa dimension primitive. Ce trophée sert en même temps de talisman, et il est d'autant plus efficace qu'il vient d'un chef plus en réputation pour sa bravoure.

N° 45.

Brésil.

Tribu des Botocudos, naturels de la côte est du Brésil; ces Indiens semblent être placés à l'un des derniers échelons de l'espèce humaine. Ils habitent continuellement dans des forêts vierges, où les rayons du soleil peuvent à peine pénétrer, et c'est ce qui, dans une certaine mesure, peut expliquer pourquoi ils sont presque blancs. Leurs yeux légèrement relevés à l'angle externe et le fond de leur peau un peu jaunâtre semblent les rapprocher des races asiatiques. Ils vivent absolument nus, ne portant avec eux qu'un arc et des flèches terminées par un morceau de bambou taillé en pointe; un sac en filet est suspendu à leur côté, et ils y mettent, enveloppés dans des feuilles, de petits morceaux de bois sec pour faire du feu. A cet effet, ils placent un bout de baguette à angle droit sur un de ces morceaux de bois et dans une petite cavité pratiquée à l'avance, puis, prenant cette baguette entre les deux mains, ils lui impriment sur place un rapide mouvement de rotation qui détermine, par ce frottement, l'inflammation. Ils portent un petit couteau en bois dur engagé dans une jarretière.

Ces naturels ont la singulière habitude de placer dans des trous pratiqués aux lobes des oreilles et à la lèvre inférieure, des disques en bois, souvent de grande largeur. Ils s'épilent de manière à ne laisser qu'une calotte de cheveux sur le haut de la tête.

N° 46.

Pérou [1].

Indien de la tribu des Campas, habitant sur les bords des affluents qui forment le cours supérieur de l'Ucayali. Ces naturels se peignent en noir tout le corps avec le fruit du huitoce, les pieds et les mains ayant une teinte plus foncée. Ils se barbouillent la figure avec du rouge tiré du roucou. Cette peinture a pour but d'atténuer la piqûre des moustiques, qui sont dans ce pays en quantité innombrable. Ils portent, engagée dans la cloison du nez, une bossette d'argent. Leur cou est orné de colliers de graines, de becs de toucans, de peaux d'oiseaux, de dents et d'ongles d'animaux. Ils ont sur la tête des diadèmes de plumes, et suspendent au dos un sac contenant une pipe à fumer et à priser, et leur peigne. Ils sont vêtus d'un grand sac habituellement teint en rouge et pendant jusqu'aux pieds. Ils ont pour armes des arcs, des flèches et des lances en bois.

N° 47.

Brésil.

Cet Indien, de la tribu des Maxuranas, porte un bonnet

[1] Don de M. Grandidier.

pourvu de rondelles de coquillages nacrés. Il a pour parure plusieurs colliers composés de dents taillées en pointe, de graines et de fragments de coquilles, au bout de l'un desquels pendent, comme amulettes, un os de singe et un crâne d'oiseau. Les bracelets sont faits de plumes de toucan, fort employées dans ces sortes d'ornements à cause de la vivacité de leurs couleurs. Au côté droit est attachée une passoire à manioc; le manioc est une plante dont la racine a un jus vénéneux, mais en la râpant et en lavant la fécule qu'elle donne, on obtient un aliment très-substantiel dont se nourrit toute cette contrée. On voit, suspendue au côté gauche, la maraca, calebasse ovoïde fixée au bout d'un manche, et dans laquelle on a placé de petits cailloux. On prétend qu'au moment du combat, les Indiens agitent tous ensemble ce bruyant instrument pour effrayer l'ennemi; il est aussi un objet de distraction pour celui qui le porte. Notre n° 47 appuie la main gauche sur un étendard et porte de l'autre un casse-tête dont la forme est assez originale.

N° 48.

Brésil.

Tribu des Cœrunas. La parure est formée de guirlandes de plumes jaunes, rouges et noires; la coiffure est aussi richement empanachée. Cet Indien s'appuie d'une main sur un grand casse-tête, et il tient de l'autre le plumet avec lequel s'exécute la danse de guerre. Il porte à la figure trois ergots en corne, munis chacun d'un bouton qui s'engage dans un trou pratiqué à travers les joues; c'est là un usage général chez les habitants de ces contrées, et les objets qu'ils se mettent ainsi autour des lèvres varient dans chaque tribu. Ajoutons que le petit casse-tête passé dans le bras gauche, nommé tacape, présente la forme la plus usitée dans ce pays;

c'est comme la dague, avec laquelle on achève l'ennemi blessé.

N° 49.

Pérou [1].

Les vêtements de notre Péruvien, sauf la coiffure, ont été trouvés dans la grande nécropole d'Ancon, située à peu de distance de Lima, et par conséquent remontent à l'époque du royaume des Incas. C'est d'abord, pour protéger le corps, un sac en toile avec ouvertures pour le passage de la tête et des bras; un autre, beaucoup plus court, couvre les épaules ; autour de la ceinture est attaché un sac qui présente un tisus intéressant par sa disposition et son coloris. Un large collier de graines descend sur la poitrine, une pièce d'étoffe couvre la tête et pend sur le dos, ornée de franges auxquelles sont attachées des plumes de perroquet vert. Un casse-tête formé d'un manche de palmier et d'une pierre en forme d'étoile (moulage fait sur un original trouvé dans un tombeau), un grand arc en palmier et des flèches, enfin une massue en bois plat forment l'armement.

Les Péruviens portent dans leur sac un pot de rouge et quelques provisions. Ils se teignent le visage avec une couleur rouge tirée du roucou et avec du noir fourni par le huitoce. Ils se dessinent sur les jambes des sortes de cothurnes et sur les mains un quadrillage qui imite le filet. Ils portent aux poignets des bracelets ornés de dents de singe ou de poisson. La peau de leur figure est dure et rude au toucher comme une peau chagrinée, résultat des piqûres des moustiques. Leur chevelure, noire et épaisse, est coupée sur le front à la hauteur des sourcils.

Les tribus de ces contrées se livrent continuellement à des

[1] Le costume et les armes ont été offerts au Musée par M. Marcotte.

actes de piraterie : les unes, celles qui vivent au bord des grands fleuves, au moyen de leurs barques, les autres au moyen de chevaux très-agiles qu'ils savent conduire avec une grande habileté.

N° 50.

La Plata [1].

Nous représentons ici un habitant des Pampas de la Plata. Son costume, comme celui des Mexicains, dont il se rapproche beaucoup, indique l'influence de la domination espagnole. Les Gauchos (c'est le nom sous lequel ce peuple est désigné) habitent les grandes plaines de la Plata, vivant continuellement à cheval et chassant au lasso les animaux sauvages. Le lasso se compose d'une longue lanière de cuir tressé, se prolongeant par trois brins, terminés chacun par une boule en pierre revêtue d'une enveloppe de cuir ; l'autre extrémité est attachée à la selle. Les Gauchos lancent cet engin avec une admirable adresse ; c'est une arme terrible à laquelle il n'y a pas à résister.

Le Gaucho a pour vêtement le puncho, couverture carrée au milieu de laquelle est pratiqué un trou pour le passage de la tête ; deux larges culottes placées l'une sur l'autre ; une ceinture en cuir fermée avec des boutons qui sont des pièces de monnaie ; enfin des bottes se prolongeant en pointe pour pouvoir être engagées dans l'étrier, qui est particulièrement étroit. Ces bottes sont souvent faites dans la peau du jarret d'un cheval dont le coude donne la place du talon ; elles portent de grands éperons d'un dessin souvent très-compliqué. La tête est couverte d'un chapeau de paille et d'un foulard européen qui entoure le front et se noue par derrière. Un fusil et un sabre de fabrication européenne,

[1] Costume offert au Musée par M. Grandidier.

une poire à poudre et une cartouchière en cuir constituent l'armement ; le cuir reçoit là le même mode d'ornementation qu'au Mexique.

N° 51.

Mexique.

Le n° 51 est un guerillero mexicain. Son costume se compose d'une veste et d'un pantalon en cuir souple de couleur rousse, fendu sur les côtés et attaché de proche en proche par de petits boutons pourvus d'une chaînette et d'un T, que l'on engage dans les deux boutonnières opposées. Le bas des jambes reste généralement déboutonné, laissant voir des jambières en cuir ornementé. Un grand chapeau en feutre couvre la tête, orné d'une torsade nommée toquilla. Sur les épaules flotte une grande pièce d'étoffe tissée d'une manière remarquable, presque imperméable à l'eau et nommée zarape. Les Mexicains sont très-habiles à lancer le lasso, qui se compose d'une corde, assouplie par des manipulations particulières; le lasso est attaché par une de ses extrémités à la selle, et se termine à l'autre bout par un nœud coulant. Notre Mexicain porte un beau sabre dont la garde est recouverte de velours brodé, une cartouchière, un fusil à piston, enfin un bracelet à capsules placé sur le bras gauche. Le cuir reçoit dans ce pays une ornementation très-riche, au moyen de ciselures et de repoussés habilement pratiqués; les selles que possède notre Musée en donnent un exemple.

N°s 52, 53.

Esquimaux [1].

Si nous remontons à l'extrême nord, nous trouvons les Es-

(1) Don de M. Ballieu, consul de France à Honolulu (îles Havaï), correspondant du Muséum.

quimaux et nous en présentons deux types. Ces populations habitent les bords de la mer ou les rives des grands lacs de l'Amérique septentrionale. Elles sont peu guerrières, et se livrent presque exclusivement à la pêche. D'ailleurs les engins qu'elles emploient contre les grands poissons sont aussi ceux dont elles se servent pour le combat.

Le n° 52 est vêtu d'une veste et d'une culotte en peau de phoque, sur lesquels s'adapte un capuchon en peau de renard entourant la tête, et d'une sorte de couvre-cuisses en peau d'ours blanc. Des bottes et des mitons en peau de loutre complètent le costume. La main droite tient une lance-harpon, composée d'une hampe en bois, sur laquelle est engagé par la pointe inférieure un dard en os barbelé; une lanière en cuir fixée au dard s'enroule ensuite sur la hampe, à laquelle elle est également attachée. Par cette disposition, lorsque le poisson est atteint, le dard quitte son alvéole, la lanière se déroule, et la hampe en surnageant indique la marche de l'animal sous l'eau. La main gauche de notre Esquimau s'appuie sur les raquettes, sorte de patins, qui lui permettent de se mouvoir sur une couche de neige fraîchement tombée sans s'y enfoncer.

Le n° 53 est un naturel des îles Aléoutiennes. Il porte sur son costume, fait en peau de phoque, une longue tunique très-résistante en intestin de poisson. C'est un vêtement qui le garantit de la pluie et de la neige. Une visière ornée de perles et de barbes de phoque lui garantit les yeux. Il a un carquois d'arc et de flèches également fait en peau de poisson. Il porte deux javelots en os à dards barbelés, ainsi que deux flèches, l'une terminée par une pointe en basalte, l'autre par un os dans lequel est engagée une autre pointe en basalte.

Les engins de guerre ou de pêche des Esquimaux sont, on le voit, les mêmes que ceux qu'employaient nos ancêtres dans les âges primitifs. Ce qui complète ce rapprochement, c'est qu'ils portent une sorte de massue coudée, faite d'un os de renne, et avec laquelle à la chasse ils achèvent de tuer une bête blessée. Cette massue est en tout semblable à celles que l'on a trouvées dans les cavernes habitées par l'homme primitif de nos contrées. Celle que porte le n° 52 est un moulage d'une pierre trouvée sur les bords du lac Makensie. Remarquer dans notre vitrine un original, pièce d'une grande rareté.

ASIE.

L'Asie paraît avoir été le berceau de la race humaine. Pendant une longue série de siècles, des hordes asiatiques se sont répandues sur tout le monde, et ces migrations occupent une grande page dans l'histoire. Pour s'en tenir aux principales divisions de ce continent, nous dirons que la race jaune ou race mongolique habite la Chine, le Thibet et les Indes orientales. Les Mongols ont aussi imposé pendant quelque temps leur empire sur les races indiennes de l'Hindoustan, au moins dans la vallée du Gange. Cette grande presqu'île a été primitivement conquise par une branche des Aryas, peuples venus du Turkestan, et qui d'autre part s'étaient répandus sur l'Europe par la voie du Caucase, et aussi par l'Asie-Mineure et la Grèce, donnant lieu aux races indo-européennes. Le Japon semble constituer une race particulière, probablement originaire du continent voisin.

N° 54.

Corée [1].

La Corée est habitée par une population vigoureuse, active

[1] Don de M. le lieutenant-colonel Le Clerc.

et intelligente, mais donnant difficilement accès chez elle aux étrangers. Le costume du soldat coréen que nous avons vient d'une expédition qui fut faite, il y a quelques années, par les Américains dans ce pays. Il se compose d'un pantalon, d'une veste courte en toile, de sandales, enfin d'un casque ayant quelque ressemblance avec un modèle que l'on rencontre encore en Chine, matelassé sur une armature en fer, pour couvrir les joues et la nuque, et orné d'un morceau de jade ciselé, que garnit une touffe de plumes de paon.

Notre Coréen est armé d'une grande lance et d'un sabre à peu près pareil à celui des Chinois. Un filet à provisions et un briquet en fer pendent à son côté. Il porte à la main un drapeau jaune festonné de blanc.

N° 55.

Annamite [1].

Le costume que nous présentons appartenait au rebelle Axoa, chef annamite que nous avons eu à combattre lors de notre première occupation en Cochinchine; c'est à peu de chose près le costume chinois, sauf le grand cône qui ombrage la tête. Ce personnage porte dans la main droite un bâton de commandement, terminé par une tête de dragon en cuivre, et pouvant aussi servir de massue; dans la main gauche est son guidon, sur lequel sont tracés et rehaussés de couleur des dessins curieux dans le goût siamois. On voit suspendue à son cou une pipe à opium, et attaché à sa boutonnière un nécessaire en argent destiné au même objet.

[1] Don de l'Exposition permanente des Colonies au Palais de l'Industrie.

N°s 56, 57, 58[1], 59.

Japon.

Depuis quelques années le Japon a été ouvert aux Européens, et ce pays qui avait si longtemps repoussé les étrangers, accepte aujourd'hui nos habitudes avec une rapidité surprenante. Les Japonais ont adopté les fusils à longue portée, et jusqu'à nos uniformes, abandonnant leurs anciennes armures, qui sont venues en grand nombre en Europe.

L'armure japonaise est très-intéressante à étudier; est-elle une création originale du pays, ou bien a-t-elle été inspirée à ce peuple intelligent et imitateur par les premiers navigateurs portugais qui ont pénétré chez eux ?

Le fait est qu'en la détaillant, on y trouve réunies les différentes pièces qui composaient nos armures du moyen âge: c'est d'abord une cuirasse en fer placée sur la poitrine, tantôt d'une seule partie, tantôt de plusieurs lames successives, comme notre ancienne cuirasse dite à écailles d'écrevisse. Des ailettes couvrent les épaules, souvent pourvues de petits renforts qui se redressent, comme nos passe-gardes, pour empêcher que l'épée de l'adversaire n'arrive au cou. Les bras sont protégés par des pièces de fer assemblées au moyen de mailles. Au-dessous de la cuirasse sont les tassettes qui, à cheval, couvrent le ventre et aussi les cuisses; des jambières et même des solerets en fer sont appliqués sur les jambes et les pieds. Cette armure est beaucoup plus légère que celle de nos chevaliers, quelques-unes des pièces étant faites en carton laqué qui offre une grande résistance. Le même parallèle peut s'établir pour le casque, qui est pourvu d'un gorgerin

(1) Les costumes des n°s 58, 59, 62 et 63 ne nous sont pas encore parvenus (31 décembre 1877).

et d'un couvre-nuque; enfin le masque en fer qui s'y adapte en fait, avec la visière, un casque fermé.

Pour juger avec connaissance de cause si l'armure japonaise est une création originale, il faudrait en connaître l'histoire; dans ce cas il est certain qu'elle a dû, comme cela est arrivé chez nous, subir une série de perfectionnements successifs.

Les Japonais portent encore, comme nos anciens guerriers, un sabre et une dague. Ils fabriquent l'acier avec une rare perfection, et les armuriers sont chez eux en grand honneur. En tirant une petite goupille que l'on voit sur la poignée du sabre, on dégage la soie, laquelle porte presque toujours le nom de l'artiste qui a fabriqué la lame. Les lames japonaises sont faites de deux mises de fer, appliquées de chaque côté d'une mise d'acier qui les dépasse et forme le tranchant. On obtient ainsi une arme dont le biseau laisse voir des sortes de remous que l'on appelle *nuages*, et c'est à les former régulièrement le long de la lame que s'applique le forgeur. On attache à ce travail une grande importance. Les coups portés par ces sabres sont terribles; avec un peu d'habitude on tranche une tête d'un coup. Certaines de ces lames atteignent des prix élevés et même ont une histoire.

La dague a souvent sur son fourreau deux accessoires intéressants à signaler: c'est d'abord un petit couteau, qui par sa disposition ne peut être qu'un coupe-papier; c'est que le Japonais se fait gloire d'être lettré. De l'autre côté, se trouve une aiguille portant une marque particulière ou un chiffre, et voici quel est son usage: lorsque pendant le combat le guerrier tue un ennemi de distinction, il lui plante dans la tête cette aiguille et continue ensuite à se battre. Après l'action il recherche sur le champ de bataille sa victime au milieu des morts, et au moyen de l'aiguille constate ce haut fait.

On sait que parfois les Japonais sont condamnés à s'ouvrir

le ventre, et ils exécutent cette opération avec élégance, solennité et beaucoup d'adresse. Les jeunes gens de l'aristocratie en font même une étude à l'avance, voulant mourir comme il faut. C'est avec leur sabre qu'ils se donnent ainsi la mort; ils se font au ventre une incision en croix allant jusqu'aux intestins, mais pas au delà, de peur qu'ils ne s'échappent, ce qui serait une grande faute; quand le patient en est arrivé à ce point, d'un seul coup de sabre un ami lui fait sauter la tête.

Les armuriers japonais mettent un grand soin dans la décoration des gardes de sabre; on peut dire que l'on y trouve le summum de l'art de travailler le fer. Rien n'égale la délicatesse des petits sujets qui y sont traités, l'imprévu et la variété des compositions, l'habileté avec laquelle les métaux précieux ou les émaux y sont disposés. Il faut remarquer encore la naïveté charmante des allégories qui y sont indiquées.

Les Japonais se servent aussi, pour la guerre, d'arcs, de flèches, de lances et de javelots. Certains fers de javelot sont percés à jour suivant les dessins les plus ingénieux [1].

Le n° 56 tient à la main un éventail en fer, insigne du commandement, et c'est là en même temps une arme défensive. Des armoiries peintes sur la partie qui se développe indiquent le rang du personnage ou les marques distinctives de sa famille. Il porte suspendu au dos son guidon. On voit, attachée sur le socle, une sorte de hallebarde dont la hampe est ornée d'un joli travail de nacre : c'est l'arme d'honneur qu'un personnage de distinction fait porter devant lui quand il sort.

Le n° 57 est armé d'une cuirasse en fer remarquable, sur laquelle le dragon symbolique du Japon figure repoussé dans le métal.

[1] Les détails qui précèdent sont dus à la bienveillance de M. Burty, qui a fait de très-complètes études sur le Japon.

Le n° 58 représente un soldat revêtu du costume d'escrime. Pour cet exercice, on se sert d'un jeu de bâtons en bois représentant des sabres, et pour simuler le combat à la lance, de tiges de bambou tamponnées à l'extrémité.

Le n° 59 est réservé pour un soldat japonais qui ne nous est pas encore parvenu.

Nos 60, 61, 62, 63, 64.

Chine (1).

L'empire chinois est l'aîné des gouvernements du monde; à partir de la dernière période de son histoire, il s'est immobilisé et conservé jusqu'à nos jours sans changement aucun. On ne sait au juste depuis combien de temps il connaît l'usage de la poudre et des armes à feu. Les Chinois ont commencé comme nous par se servir de canons se chargeant par la culasse, pour arriver ensuite à des pièces se chargeant par la bouche. Tout dernièrement encore, l'armée chinoise avait des fusils à mèche du mécanisme le plus primitif, et semblable à celui de nos premières arquebuses. Ce mécanisme nous a-t-il été apporté par les Orientaux, qui l'auraient eux-mêmes emprunté aux Chinois, ou faut-il dire que les peuples, placés en face des mêmes besoins, suivent une marche semblable dans la voie du progrès?

Les Chinois ont eu dernièrement comme nous des fusils à percussion, mais il est certain que c'est là le résultat d'une importation; ils se procurent aujourd'hui des armes à longue portée se chargeant par la culasse, et envoient des ingénieurs en Europe pour étudier les procédés de nos industries.

Les armuriers chinois ne semblent pas, dans ce pays de lettrés, avoir joui de la même considération qu'au Japon; la

(1) Ces costumes nous ont été rapportés de Chine par M. le commandant Giquel, fondateur de l'arsenal chinois de Fou-Tcheou.

fabrication des armes n'est pas faite avec le même soin. Il est à croire que les lames de sabre et d'épée sont en étoffe, c'est-à-dire obtenues par la superposition de lamelles de fer et d'acier soudées ensemble, genre de travail qui leur donne à la fois une grande résistance, plus de légèreté et d'élasticité. J'ajouterai, à titre de renseignement particulier, que quelques lames imitent à leur surface ce qu'en céramique on nomme le craquelé. On ne sait pas comment ce résultat est obtenu. Les Chinois ont des sabres doubles, c'est-à-dire composés de deux lames placées dans le même fourreau, les deux poignées s'adaptant parfaitement l'une contre l'autre, et ne paraissant en former qu'une seule. Les gardes, les bagues et les bouts de fourreau sont souvent ciselés et percés à jour avec art.

Les armes d'hast ressemblent assez aux nôtres : ce sont de larges lames d'épée, des faux et des fauchards de différentes formes fixés au bout d'une hampe.

Les boucliers sont faits en osier, et l'on a peint à la face extérieure une tête fantastique, sans doute pour effrayer l'ennemi. Les Chinois ont encore pour arme offensive un arc et des flèches, qui sont portés suspendus en arrière et à la ceinture dans deux carquois.

Le n° 60 représente un mandarin chinois en costume de guerre. Il est vêtu d'une chemise, d'une robe de soie bleu clair, d'une large veste, enfin d'un grand pardessus en soie doublé. Il a sur la tête un chapeau en feutre, terminé au sommet par une frange de soie rouge et une boule de cristal.

Ce qu'on nomme la queue de renard, insigne du commandement, nous manque encore. Le sabre, placé dans un fourreau en peau de chien marin, dit galuchat, et de couleur verte, est une belle arme; l'arc et les flèches sont placés dans deux carquois ornementés.

L'ancienne armée chinoise se composait de différents corps que nous décrirons brièvement. L'infanterie en comprenait quatre armés différemment : les fantassins du premier corps (n° 61) portaient un petit sabre placé en travers du dos, un fusil à mèche et une cartouchière en toile de coton attachée sur la poitrine. Ceux du second corps étaient armés d'un fusil de même genre, mais beaucoup plus long, que portaient deux hommes; cette arme une fois chargée, était soutenue par l'un d'eux sur l'épaule, tandis que l'autre y mettait le feu. Ceux du troisième (n° 62) avaient pour arme un grand fauchard, et le soldat en exécutait l'escrime avec une agilité et une adresse incroyables. Ceux du quatrième (n° 63), appelés les tigres, à cause de leur accoutrement, étaient armés d'un sabre et d'un grand bouclier en osier tressé. Ces guerriers servaient aussi de garde aux mandarins d'un rang élevé.

La cavalerie (n° 64) portait un sabre particulier et une lance. Le chapeau, semblable du reste à celui du fantassin, était fait en bois flexible, sorte d'osier, et peint de différentes manières, suivant les corps; cette indication se trouvait complétée par les marques que le vêtement avait à la hauteur de la poitrine.

Dans l'armée chinoise, c'est le bataillon qui forme l'unité. A l'inverse de ce qui est établi chez nous, l'armée permanente est fort négligée. Au moment d'une guerre, on appelle les milices, on les arme du mieux que l'on peut, et ce sont elles qui offrent le plus de résistance. Dans la conduite des opérations d'une campagne, on se garde d'engager des batailles rangées. La tactique consiste à marcher lentement; l'armée est divisée en plusieurs corps, qui avancent sûrement, se fortifiant dans leurs positions, harcelant l'ennemi, attaquant ses points faibles et cherchant à l'entourer. On livre rarement des assauts, comptant beaucoup plus sur la masse de troupes que l'on emploie. Ne semble-t-on pas aujourd'hui, en Europe, revenir à ces moyens?

N°s 65, 66, 67, 68.

Inde.

L'Inde, et je comprends sous ce nom tout le pays qui s'étend du Turkestan au sud de l'Hindoustan, a toujours été renommée pour la fabrication des bonnes et belles armes. Les armuriers y sont arrivés à fabriquer le damas avec une perfection admirable; ce serait le sujet d'une étude intéressante, mais que notre cadre restreint ne saurait comporter. Les armes des Indiens et des Mongols sont très-diverses de formes, et une courte inspection de celles qui sont placées dans les vitrines du Musée en fera saisir rapidement les différents types.

Ces peuples guerriers se servent également de sabres et d'épées; leurs poignards donneraient lieu à une longue nomenclature, et ils y déploient tout le luxe possible d'ornementation. On trouve la même variété dans la monture des fusils. A ces armes il faut ajouter les javelots, les arcs, les flèches, les lances, les masses d'armes et les haches de guerre. Il n'y a rien d'étonnant que le peuple qui a tant de fois envahi le monde ait tenu ainsi les armes en honneur.

Le n° 65 peut représenter un Mongol de Boukhara. Il porte une armure qui semble répondre à cette défense de corps qu'on employait dans notre moyen âge sous le nom de gambison; elle se compose d'abord d'un plastron intérieur fortement rembourré, qui couvre la poitrine et le dos; pardessus se lace une cotte de même nature, protégeant aussi les arrière-bras et le ventre. Les avant-bras sont recouverts de brassards, et les mains d'un prolongement en étoffe, en guise de gantelets; des clous et des plaques de métal servent à la fois de défense et d'ornementation. L'armure se complète par un casque en forme de bombe et à nasal, garni d'un couvre-nuque en mailles, et posé sur un turban composé d'un toron en corde recouverte de soie et enroulé en spirale. Un arc, un carquois, une hache de guerre et un bouclier forment l'armement. Le bouclier se compose de brins de jonc recouverts de soie, présentant un large cône terminé par une pièce de fer damasquinée en or.

Le n° 66 porte une armure complète de mailles[1]; on remarquera l'habileté avec laquelle est travaillé le cuir du fourreau et du ceinturon, l'ornementation de l'arc et des flèches, les deux carquois faits en velours bleu et rehaussés de bossettes d'argent, enfin la hache de guerre richement incrustée et faite d'un beau damas.

Le n° 67 porte ce qu'on a nommé une armure à miroir, à cause des plaques en damas qui entourent le corps; ces plaques, ainsi que le casque et les brassards, ont une riche et solide ornementation en or. Elles recouvrent une cotte de mailles très-fines à pendentifs élégants. Une belle lance et un bouclier d'un jaune ambré et transparent forment l'armement du personnage; le sabre indien se porte sur le devant du corps; un poignard avec manche en jade vert est attaché à la ceinture, autour de laquelle s'enroule une écharpe tissée d'or et d'argent.

Le n° 68, comme le précédent, peut représenter un chef indien de Delhi. Il porte un riche turban d'une remarquable couleur, une tunique lamée d'argent (noircie par le temps) d'un beau dessin, un pantalon et une ceinture, qui par leur ensemble forment un costume ancien bien complet. L'armement ne le cède pas au costume; la poignée du sabre est d'un beau caractère, ainsi que le ceinturon et le fourreau avec sa broderie si fine et ses petites armatures émaillées, la cartouchière et la poire à poudre si habilement ornementées, enfin le fusil qui représente le type le plus ancien.

[1] Don de M. Cernuschi.

N° 69.

Circassien.

Les Circassiens forment une belle population qui habite le versant nord du Caucase. Comme tous les montagnards, ils sont essentiellement guerriers et attachent un grand prix à posséder de belles armes. Le genre d'ornementation de ces armes est tout particulier; les garnitures sont faites d'argent niellé de noir bleu. Les dessins sont d'abord gravés en creux sur l'argent, puis remplis d'un émail composé d'argent, de plomb et de soufre liquéfiés.

L'armement du n° 69 est bien complet : c'est d'abord un casque ou calotte de fer, qui se prolonge sur les épaules par un couvre-nuque de mailles, et reposant sur un turban. La cotte de mailles est placée sur un justaucorps rembourré, et à son tour recouverte par une tunique, qui porte de chaque côté de la poitrine des étuis à cartouches, dont nous offrons un élégant et riche spécimen. Au ceinturon du sabre, couvert de bossettes d'argent, pendent la poire à poudre et le pistolet attachés par des lanières. La main gauche tient un fusil et l'autre un knout.

N° 70.

Albanais.

Les chefs de l'aristocratie grecque déploient dans leur costume une grande richesse; celui que nous présentons en offre un bel exemple; il se compose de grandes guêtres, du gilet et d'une veste soutachés or et bleu sur drap blanc; le vêtement de dessus, en velours violet et vert, est couvert d'un labyrinthe de passementeries disposées avec un goût parfait; au-dessous se développe la fustanelle, sorte de jupon blanc qui a une prodigieuse longueur d'étoffe.

Le caractère particulier des armes de ce pays est que

toutes les garnitures sont en argent repoussé, et nous en offrons, dans la ceinture de notre palikare, un arsenal complet: c'est une large cartouchière qui entoure le corps, deux pistolets dans leur gaîne, un étui pour les pierres à fusil, un amorçoir, une baguette de pistolet suspendue à une lanière, un poignard et un yatagan.

Le fusil porte une ornementation en fer très-compliquée et d'un goût tout particulier. On remarquera que presque tous les fusils des pays orientaux qui bordent la Méditerranée ont des platines faites sur le type espagnol, dit à la Miquelet.

Au moment de mettre sous presse cette notice, on nous annonce l'envoi de deux nouveaux types qui prendront rang dans la collection avec les numéros suivants.

N° 71.

Naturel du Havre de Dorey (Nouvelle-Guinée), plage où se trouvent encore des habitations rappelant les stations lacustres. Les armes et les objets que porte ce guerrier ont été rapportés en France par M. Maindron, naturaliste explorateur du Muséum.

N° 72.

M. Lanen, consul de France au Cap de Bonne-Espérance, nous fera parvenir prochainement le costume de guerre et les armes d'un chef cafre de la tribu des Zoulous, et ce sera un des personnages les plus intéressants de notre collection.

www.ingramcontent.com/pod-product-compliance
Ingram Content Group UK Ltd.
Pitfield, Milton Keynes, MK11 3LW, UK
UKHW021819190726
13853UKWH00003B/1062

9 782329 592671